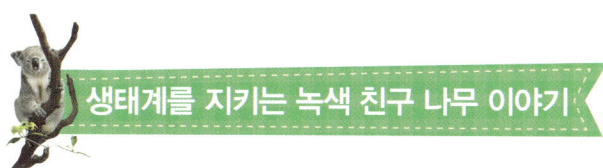

생태계를 지키는 녹색 친구 나무 이야기

나무는 어떻게 지구를 구할까?

글 니키 테이트 | 옮김 현혜진

초록개구리

더불어 사는 지구는 우리가 세계 여러 나라 사람들과 함께 이 지구에서 더불어 잘 살기 위해 생각해 보아야 할 환경과 생태, 그리고 평화 등의 주제를 다루는 시리즈입니다.

Deep Roots: How Trees Sustain Our Planet
Text copyright © 2016 Nikki Tate
First published in Canada and the USA in 2016 by Orca Book Publishers Ltd.
All rights reserved.
Korean translation copyright © 2017 Green Frog Publishing Co.
Korean translation rights arranged with Orca Book Publishers Ltd. c/o
the Transatlantic Literary Agency Inc. through Orange Agency.

이 책의 한국어판 저작권은 오렌지에이전시를 통해 저작권사와 독점 계약한 초록개구리에 있습니다.
저작권법에 의해 한국 내에서 보호를 받는 저작물이므로 무단 전재와 복제를 금합니다.

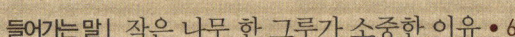

차례

들어가는 말 | 작은 나무 한 그루가 소중한 이유 • 6

1장 나무와 흙은 서로 어떻게 도울까?

어디서든 무럭무럭 • 10
죽어서도 아낌없이 주는 나무 • 12
뿌리야, 계속 버텨 줘! • 13
한 그루, 한 그루 • 16
콘크리트 숲 속의 허파, 공원 • 18
키 큰 나무도 작은 씨앗에서 비롯된다 • 19
통나무로 길을 낸다? • 20
숲 바닥에도 길이 숨어 있다 • 22

2장 숲에 들어가면 왜 시원할까?

공기를 깨끗하게 만드는 나무 • 26
나무는 이산화탄소 청소기 • 28
나무 꼭대기에는 특별한 것이 있다 • 29
나무에서 생활하는 잠꾸러기 코알라 • 30
같이 살자, 나무야! • 30
나무 위에 집을 지으면 어떨까? • 32
안개야, 물을 가져다줘! • 33
뿌리가 하늘로 뻗은 나무 • 34
바람을 막아라! • 36
숲만큼 좋은 놀이터는 없다 • 37

3장 나무는 어떻게 지구를 촉촉하게 할까?

물의 순환을 돕는 나무 • 40
나무는 물을 어떻게 마실까? • 41
나무가 비를 만든다고? • 42
사막을 감싸는 녹색 벽 • 43
오아시스에 온 걸 환영합니다 • 44
시원한 나무 그늘이 최고야! • 46
나무도 손꼽아 기다리는 연어 잔치 • 47
물 위에 둥둥, 나무배 • 49

4장 나무는 왜 산불을 기다릴까?

나무에 불이 붙다 • 52
산불이 반가운 나무들 • 53
재가 땅을 기름지게 만든다고? • 54
재로 빨래를 한다고? • 56
모닥불, 악령을 쫓아내다! • 57
푸른 잎을 보면서 봄을 기다린다 • 58
태양으로부터 온 우리 집 밥상 • 59
나무가 왜 폭탄처럼 터질까? • 60
숲을 태워 농사짓는 사람들 • 60
커다란 녹색 친구 • 61

사진 저작권 목록 • 64

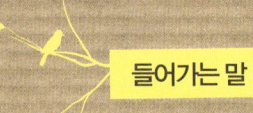 들어가는 말

작은 나무 한 그루가 소중한 이유

내 책상 앞 커다란 창문 너머에 자두나무가 있다. 자두나무는 1년 내내 다 다른 모습을 보여 준다. 봄에는 꽃봉오리가 올라오고, 곧이어 화려한 분홍 옷을 차려입는다. 무더운 여름에는 무성한 초록 잎 사이로 새들이 마음껏 날아다닌다. 가을이 되면 울긋불긋한 색으로 물든 잎이 차가운 바람에 흔들린다. 겨울에는 잎이 모두 떨어진 앙상한 나뭇가지가 눈을 머금은 회색빛 하늘 아래에서 을씨년스러운 풍경을 자아낸다.

우리는 어디에 살든 주변에서 나무를 발견할 수 있다. 심지어 높다란 회색 건물로 가득 찬 도시에도 나무가 있다. 초록빛 나무를 어디서나 볼 수 있다는 것은 행복한 일이다.

나무는 다양한 동물과 식물이 살 수 있는 터전이 된다. 뿌리부터 줄기, 잎까지 나무의 모든 부분이 생물의 생활에 중요한 역할을 한다. 인간에게도 나무는 매우 중요하다. 나무가 우

▲ 나무에서 직접 싱싱한 체리를 따는 아이.

거진 울창한 숲은 '지구의 허파'라고 불릴 만큼 사람과 동물이 숨 쉬는 데 꼭 필요한 산소를 만든다. 나무는 공기뿐만 아니라 빗물을 깨끗하게 거르고 땅을 기름지게 한다. 사람들은 나무를 베어 건물을 짓거나 가구를 만들고, 나무를 태워서 연료로 쓴다. 나무에 열린 열매와 견과류는 맛도 좋고 영양도 많다. 이렇듯 나무는 인간이 살아가는 데 많은 도움을 준다. 하지만 사람들은 나무가 어디에나 흔하게 있어서 그 고마움을 잊고 지내는 날이 많다.

우리는 왜 나무에 관심을 가져야 할까? 왜 나무가 가득한 숲이 망가지지 않게 지키고, 나무를 많이 심고, 다양한 식물을 보호해야 할까? 이제부터 나무가 지구를 어떻게 지켜 왔는지, 생태계가 좀 더 건강해지려면 우리가 무엇을 해야 하는지 알아보자.

나무야, 사랑해!

우리 가족은 농장 구석구석에 나무를 여러 그루 심었다. 여름이면 체리나무, 사과나무, 배나무에 열매가 주렁주렁 열린다. 쑥쑥 자라는 삼나무는 시원한 그늘을 드리우고 거센 바람을 막아 준다. 삼나무는 농장 밖에서 안이 들여다보이지 않게 커튼이 되어 주기도 한다. 단풍나무와 가문비나무는 사계절 내내 멋진 모습을 뽐낸다. 새, 다람쥐, 박쥐, 그 밖의 수많은 곤충이 나무에 깃들어 살아간다. 이들은 나무에서 먹이를 얻고 보금자리를 꾸리고 바깥세상으로부터 위험을 피한다.

▲ 쓰러진 나무 위에 올라 서 있는 아이. 숲에 가면 어린나무부터 쓰러져 죽은 나무까지 다양한 나무를 볼 수 있다.

1장 나무와 흙은 서로 어떻게 도울까?

흙은 나무에게 양분을 주고, 나무는 뿌리를 뻗어 나가느라 땅속에 틈을 만들어 빗물이 잘 스며들게 한다. 그런데 나무를 마구 베어 내면 흙은 어떻게 될까? 이 장에서는 나무와 흙이 서로 어떻게 도우며 살아가는지 알아보자.

어디서든 무럭무럭

나무는 오랜 시간 생태계에 잘 적응해 왔다. 나무는 빛과 물, 양분을 얻을 수 있는 곳이라면 어디서든 무럭무럭 자란다. 세계에서 키가 가장 큰 나무는 미국 캘리포니아 주 레드우드 국립 공원에 있는 세쿼이아다. 이 나무는 높이가 115.72미터에 이르는데, 40층 건물 높이와 비슷하다.

나무는 자연 환경이 거칠더라도 살아남기 위해 적응한다. 비가 아주 적게 오는 사막에서 나무는 비가 올 때 줄기에 물을 모아 두었다가 조금씩 사용한다. 1년 내내 기온이 높고 비가 많이 오는 적도 지역에서는 잎이 넓고 진한 녹색 나무가 잘 자라지만, 날씨가 춥고 햇볕이 적은 시베리아 지역에서는 광합성을 활발히 할 수 없어 잎이 뾰족한 침엽수가 잘 자란다.

▲ 1900년대 초반 미국 서부와 캐나다에 정착한 사람들은 거대한 나무를 마구 베어 내고 밭을 일구었다.

▲ 숲에는 커다란 나무부터 작은 이끼까지 여러 식물이 산다.

죽어서도 아낌없이 주는 나무

나무는 다른 생물보다 오래 산다. 1,000살이 넘는 나무가 세계 곳곳에 수두룩하다. 하지만 나무도 어쩔 수 없이 죽기 마련인데, 환경 오염, 병충해, 폭풍, 벼락으로 피해를 입고 죽기도 한다.

나무는 죽고 나서도 자연을 떠나지 않는다. 죽은 나무는 나무를 분해하는 생물들의 먹이가 되기 때문이다. 또한 자그마한 딱정벌레, 파리, 지렁이, 다양한 미생물과 버섯의 보금자리가 되어 준다. 이렇게 여러 생물에게 모든 것을 나누어 준 나무는 서서히 바닥으로 쓰러지고, 결국 숲 바닥에 깔린 흙 속으로 섞여 들어간다.

▲ 미국 유타 주에 있는 '판도'라는 이름의 사시나무. 수많은 사시나무가 들어선 숲처럼 보이지만, 모두 같은 뿌리에서 자란 한 그루의 나무다. 세계에서 몸집이 가장 큰 이 나무의 넓이는 축구장 43개 크기와 비슷하다.

큰 나무가 흙 속으로 섞여 들어가 퇴비로 완전히 분해되는 데는 오랜 시간이 걸린다. 그 사이에도 죽은 나무는 주변의 어린나무들이 튼튼하게 자랄 수 있도록 버팀목이 되어 준다. 또한 다른 식물에서 날아온 씨앗이 썩어 가는 나무에 자리를 잡고 살기도 한다. 쓰러진 나무 위에 낙엽이나 가지가 쌓여 연약한 식물과 씨앗이 뿌리를 내리고 자랄 수 있는 환경이 만들어지기 때문이다. 그래서 우리는 종종 어린나무가 오래된 그루터기나 통나무에서 자라는 걸 볼 수 있다.

▲ 땅에 쓰러진 죽은 나무는 어린나무가 잘 자라도록 보호해 준다.

뿌리야, 계속 버텨 줘!

뿌리는 땅속에 스며든 물과 동물이나 식물이 썩으면서 내어놓는 양분을 빨아들이고 저장한다. 뿌리가 땅속으로 뻗어 내려가면 나무는 쉽게 쓰러지지 않고 몸을 지탱할 수 있다. 또 땅속으로 넓고 깊게 퍼져 나간 뿌리 덕분에 단단했던 땅에 틈이 생기면서 물이 잘 스며든다. 비가 엄청나게 내려도 빗물이 땅속으로 잘 스며들면 홍수를 막을 수 있다. 뿌리는 이렇게 스며든 물을 잘 모아 두었다가 건조한 날에 쓴다.

▲ 늙은 나무의 뿌리가 강둑에 넓게 뻗쳐 있다. 덕분에 이 나무는 거센 비바람에도 끄떡없다.

이거 알아?

캐나다에는 나무를 베어 내면 그 자리에 나무를 새로 심어야 하는 법이 있다. 그래서 나무 베는 사람들을 따라다니며 나무를 새로 심는 일을 하는 사람들이 있다. 이들은 날마다 나무 수천 그루를 숲에 심는다.

그런데 건물을 짓거나 농장을 넓히기 위해 숲을 없애면 어떻게 될까? 나무가 없으면 뿌리가 흙을 잡아 주거나 물을 빨아들이지 못해서 빗물에 흙이 쉽게 씻겨 나간다. 이렇게 되면 식물이 뿌리를 내리기 어렵다. 빗물에 씻긴 흙과 모래는 비탈길을 따라 개울이나 강, 호수로 흘러들어 물을 흐리게 만든다. 물고기는 흙탕물 속에서 먹이를 찾지 못하고, 숨 쉬기도 힘들어지고, 알도 낳지 못한다.

뿌리는 오염된 땅을 깨끗하게 하는 능력이 매우 뛰어나다. 납이나 카드뮴 같은 해로운 물질로 오염된

▼ 나무를 심는 아이. 나무는 땅에 뿌리 내려 땅속 양분을 먹고 자란다. 언젠가 이 작은 나무도 꽃과 잎을 활짝 피우고 열매를 맺을 것이다.

땅에 나무를 심으면 뿌리가 오염 물질을 빨아들인다. 따라서 꼭 필요할 때만 나무를 베고, 나무를 벤 다음에는 반드시 다시 심도록 노력해야 한다.

한 그루, 한 그루

사람들은 건물 짓는 데 쓸 나무를 얻기 위해 숲의 나무를 모조리 베어 버리기도 한다. 나무를 베어 낸 자리에는 대개 나무를 다시 심는다. 나무를 많이 베어 내더라도 그 자리에 다시 나무를 심으면 숲이 심각하게 파괴되는 것을 조금이나마 막을 수 있다.

사람들은 목재로 쓰기 위해 일부러 나무를 심기도 하는데, 50년 정도는 자라야 쓸 만해진다. 이런 나무는 자연에서 혼자 힘으로 씩씩하게 자란 나무들과 매우 다르다.

자연스럽게 만들어진 숲에는 나무의 종류, 나이, 크기가 다양하다. 하지만 사람들이 계획적으로 관리하는 숲은 자라는 속도나 용도를 따져서 고른 나무들로만 이루어져 있다. 이런 숲

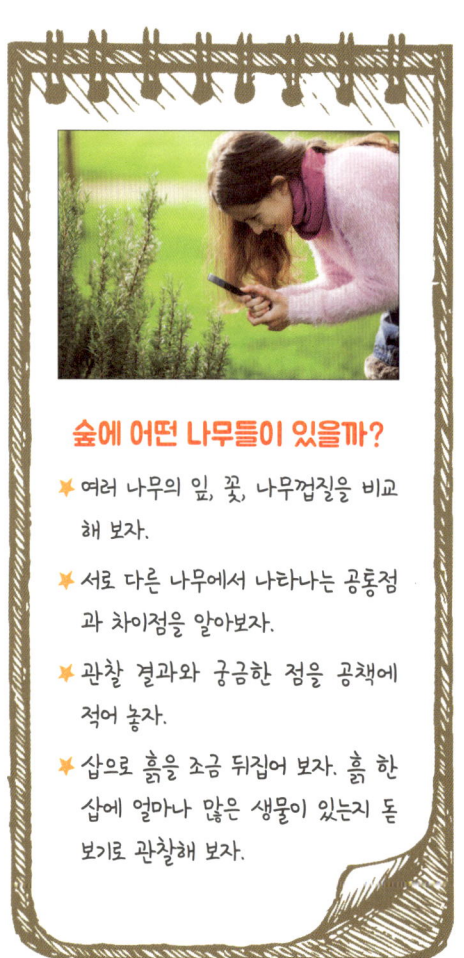

숲에 어떤 나무들이 있을까?

★ 여러 나무의 잎, 꽃, 나무껍질을 비교해 보자.

★ 서로 다른 나무에서 나타나는 공통점과 차이점을 알아보자.

★ 관찰 결과와 궁금한 점을 공책에 적어 놓자.

★ 삽으로 흙을 조금 뒤집어 보자. 흙 한 삽에 얼마나 많은 생물이 있는지 돋보기로 관찰해 보자.

▲ 사람들이 목재로 이용하기 위해 일부러 나무를 심어 놓았다. 이런 곳은 숲이라기보다는 농원에 가깝다.

에는 대개 한두 가지 품종의 나무만 있고, 비교적 빨리 자란다. 사람들의 빈틈없는 관리 속에서 자라든 자연 속에서 자라든, 나무는 우리에게 늘 많은 것을 준다. 대기 속의 이산화탄소를 흡수하고, 온도와 습도를 조절하고, 비나 바람에 땅의 겉면이 깎여 나가는 것을 막아 준다.

과학자들은 나무의 나이테를 보고 기후 변화를 연구하기도 한다. 기후가 특정 시기에 얼마나 건조했는지, 얼마나 습했는지, 얼마나 더웠는지, 얼마나 추웠는지에 따라 나이테 두께가 달라지기 때문이다. 흔히 무덥고 습한 해에 나이테 두께가 더 넓어지고, 비가 적게 오거나 햇볕이 부족한 해에는 나이테 두께가 좁아진다.

▲ 미국 뉴욕에 있는 센트럴파크는 뉴욕의 상징이면서 세계에서 가장 이름난 도시공원이다. 만들어진 지 140년이 넘은 이 공원에는 약 50만 그루의 나무가 있다.

이거 알아?

환자가 울창한 숲을 보면 빨리 낫는다는 연구 결과가 있다. 초록빛 나무는 우울한 마음을 편안하게 해 주고 면역 체계를 튼튼하게 만들기 때문이다.

콘크리트 숲 속의 허파, 공원

'콘크리트 숲'이란 콘크리트로 만든 주차장과 도로, 다리, 건물들이 빽빽하게 들어선 도시 환경을 말한다. 전 세계 도시 계획자들은 오래전부터 나무가 도시를 더 아름답고 쾌적하게 만든다고 생각해 왔다. 그래서 대도시에 공원 같은 녹색 공간이 매우 중요하다고 여긴다. 녹색 공간은 답답한 콘크리트 속에 갇힌 사람들에게 시원한 쉼터가 되어 준다.

키 큰 나무도 작은 씨앗에서 비롯된다

하늘에 닿을 듯 높다랗게 자란 나무도 원래는 작은 씨앗이었다. 이 사실은 텃밭이나 마당에 채소나 꽃을 심어 본 경험이 있다면 누구나 알 것이다. 앞에서 말한 것처럼 세계에서 키가 제일 큰 나무는 높이가 약 115미터에 이르는 세쿼이아인데, 씨앗이 들어 있는 솔방울의 길이는 고작 4~7센티미터다. 세쿼이아의 솔방울에는 소금 알갱이만 한 작은 씨앗이 약 200개 정도 모여 있다.

다른 나무와 다르게 세쿼이아의 씨앗들은 무척 뜨거운 열기가 있어야 땅으로 떨어진다. 여름처럼 무더울 때 씨앗이 떨어지기도 하지만 산불이 날 때 가장 많이 떨어진다. 번개나 건조한 날씨 때문에 산불이 나서 숲이 뜨거운 열기에 휩싸이면, 솔방울이 터지면서 수많은 씨앗이 한꺼번에 밖으로 나온다.

그런데 이렇게 저절로 산불이 나서 솔방울이 터지려면 수십 년이 걸리기도 한다. 그동안 씨앗은 참을성 있게 솔방울 안에서 기다리다가 산불을 만나면 기름진 땅으로 떨어져 무럭무럭 자란다.

▲ 미국 요세미티 국립 공원에 있는 자이언트 세쿼이아. 팔이 아무리 길어도, 친구 몇 명이 모여도 다 자란 세쿼이아 나무는 절대 못 껴안는다! 이 나무의 둘레는 자그마치 31미터나 된다.

▲ 쓸모를 잃은 낡은 나무 문으로 탁자처럼 새로운 물건을 만들 수 있다.

이거 알아?

나무로 엽서나 수첩, 명함을 만들어 파는 캐나다의 '스코그'라는 회사는 고객이 제품을 살 때마다 '자연 보호를 위한 10억 그루 나무 심기 캠페인'에 기부한다. 미래 세대를 위해 숲을 건강하게 보존하기 위한 노력 가운데 하나다.

통나무로 길을 낸다?

오늘날 도로를 만들 때에는 콘크리트나 아스팔트, 돌 같은 단단한 재료를 사용한다. 하지만 아주 오래 전에는 통나무와 모래만으로 길을 냈다. 이런 길을 '통나무 길'이라고 하는데, 바닥에 통나무를 빽빽하게 깔고 그 위에 모래를 덮어 만들었다.

영국 글래스턴베리에서 약 3,800년 전에 만들어진 것으로 보이는 통나무 길 일부가 발견되었다. 통나무 길이 있으면 진흙 길이나 늪지대를 좀 더 쉽게 지나다닐 수 있다. 하지만 그다지 튼튼하지 않다는 단점이 있었다.

사람들은 통나무를 기본 재료로 하고 좀 더 단단한 자갈이나 포장재로 덮는 방법을 생각해 내면서 도로 만드는 기술을 점차 발전시켰다. 1942년에 완성된 미국 알래스카 주와 캐나다를 연결하는 고속도로의 일부분은 통나무로 바닥을 다지고 자갈과 포장재로 덮었다. 이렇게 낸 길은 160킬로미터에 이르는데, 무려 50년 동안이나 사용되었다!

▲ 영국 글래스턴베리에서 발견된 통나무 길.

나무야, 사랑해!

아기가 태어난 날처럼 중요한 날을 축하하기 위해 나무를 심는 것은 정말 멋지다. 내 어머니가 태어났을 때, 외가에서는 집 정원에 라일락을 심었다. 어머니 가족사진을 보면 라일락 나무 앞에서 찍은 것이 많다. 어머니는 평생 라일락 나무를 좋아하셨다. 그래서 봄에 라일락 향기를 맡으면 돌아가신 어머니에 대한 따뜻한 추억이 새록새록 떠오른다.

숲 바닥에도 길이 숨어 있다

숲 바닥 밑에는 매우 특이한 길이 숨어 있다. 늘 축축하고 그늘진 숲 바닥에는 버섯과 곰팡이가 잘 자란다. 그래서 숲 바닥 밑과 나무 밑동에는 버섯과 곰팡이의 몸을 이루는 가늘고 기다란 실이 그물처럼 서로 얽혀 있다. 이것을 '균사체'라고 한다. 균사체는 숲 바닥 밑에서 넓게 퍼져 나가면서 길을 만든다. 이 균사체 그물에서 위로 솟아오른 것이 버섯이다.

▲ 숲 바닥에 버섯이 있다면 그 아래에 균사체 길이 숨어 있다는 증거다.

나무야, 사랑해!

텃밭에서 그날그날 열리는 싱싱한 완두콩과 오이, 토마토를 따는 일은 무척 즐겁다. 나는 텃밭을 기름지게 하기 위해 텃밭 바닥에 통나무를 깔고 그 위에 가는 나뭇가지와 나뭇잎을 쌓아 올린 다음 퇴비와 흙으로 덮는다. 이 위에 채소 씨앗이나 어린 나무를 심으면 통나무가 썩으면서 생기는 양분이 흙 속 미생물에게 먹이가 되어 텃밭이 기름지게 되고 채소가 잘 자란다. 이런 방법은 숲에서 흙이 만들어지는 것과 비슷하다.

▲ 타이에 있는 한 절에는 불상의 머리 부분이 보리수나무 뿌리에 감겨 있다. 불교를 창시한 붓다는 보리수나무 아래에 앉아 깨우침을 얻었다고 한다.

균사체 길은 누가 이용할까? 바로 미생물이다. 미생물은 이 좁은 길을 따라 움직이면서 독성 물질을 분해하고 바위에서 무기물을 뽑아낸다. 이때 무기물은 균사체 길을 따라 나무의 아주 가느다란 뿌리털로 이동해 흡수된다. 숲 바닥에 있는 양분이 균사체를 통해 숲 위쪽까지 골고루 퍼지는 것이다. 그렇지만 균사체 길은 양분뿐만 아니라 질병을 옮기기도 한다.

과학자들은 균사체가 물을 깨끗하게 거르고, 중금속과 기름에 오염된 토양을 정화하는 데 도움을 줄 날도 멀지 않았다고 말한다. 또 쓰레기로 몸살을 앓고 있는 지구를 구할 것이라고 기대한다. 특히 과학자들은 버섯 균사체로 만든 튼튼하면서도 자연에서 분해되는 플라스틱에 관심을 쏟고 있다. 일정한 틀에 버섯 균사체와 곡식 껍질, 물을 섞어 담아 두면 며칠 뒤 틀 모양의 단단한 플라스틱을 얻을 수 있다. 이 버섯 플라스틱은 스티로폼을 대신해 제품을 포장하는 용도로 벌써 쓰이고 있다.

2장
숲에 들어가면 왜 시원할까?

숲에 들어가면 나무가 내뿜는 산소 때문에 시원하다. 나무는 환경 오염을 일으키는 이산화탄소를 들이마시고 산소를 내놓는다. 이 장에서는 공기를 맑게 만드는 나무의 기특한 활약을 살펴보자.

공기를 깨끗하게 만드는 나무

나무는 그냥 우두커니 서 있는 것처럼 보이지만 실은 굉장히 바쁘게 일한다. 뿌리로는 물과 양분을 빨아들이고, 잎으로는 이산화탄소를 들이마시고 산소를 내뿜는다.

나무는 물과 이산화탄소를 재료로 삼고 햇빛을 쬐어 양분과 산소를 만든다. 이런 활동을 '광합성'이라고 한다. 산소를 들이마시고 이산화탄소를 내뿜기만 하는 사람과 동물에 비교하면 나무는 정말 기특한 능력을 가지고 있다.

이산화탄소는 지구 온난화를 일으켜 환경을 오염시킨다. 나무는 대기 속에 있는 이산화탄소를 없애느라 눈 코 뜰 새 없이 바쁘다. 축구장 1개 크기의 숲은 해마다 이산화탄소 6,000킬로그램 이상을 들이마시고, 약 40명이 숨 쉴 수 있는 산소를 내보낸다.

▲ 커다란 나무 밑에서 쉬고 있는 사람들. 나무는 대기 속 이산화탄소를 들이마시고 산소를 내뿜는다.

▲ 나무에 오른 아이들. 맑은 공기가 가득한 숲에서 놀면 건강에도 좋다.

▲ 말레이시아의 피낭 아일랜드 국립 공원에 있는 이 육교는 땅 위 15미터 높이에 있다. 이곳에서는 울창한 숲을 내려다볼 수 있다.

나무는 이산화탄소 청소기

대기 속 이산화탄소를 빨아들이거나 없앨 수 있는 것을 '탄소 흡수원'이라고 한다. 나무는 훌륭한 탄소 흡수원으로, 엄청난 양의 이산화탄소를 빨아들여 저장한다. 그러다가 숲에 불이 나거나 죽은 나무가 썩을 때 이산화탄소를 다시 내뿜는다.

대기 속 이산화탄소를 줄이는 가장 효과적인 방법은 나무를 많이 심는 것이다. 하지만 사람들은 연료나 목

▲ 한꺼번에 많은 나무를 베어 낸 숲. 이렇게 많은 나무를 베어 내면 새로 나무를 심더라도 이산화탄소를 흡수하는 능력이 크게 떨어진다.

재로 쓰기 위해 나무를 베어 내고, 농사를 짓거나 집을 지을 땅을 마련하느라 숲을 밀어낸다. 지금 이 순간에도 지구 곳곳에서 나무가 사라지고 있다. 더 심각한 문제는 많은 양의 나무를 빠르게 베어 내다 보니 다시 나무를 심더라도 이산화탄소를 흡수하는 능력이 크게 떨어진다는 점이다. 앞으로도 줄곧 맑은 공기를 마시고 싶다면 나무 연료와 목재의 사용을 줄이고 마구잡이로 나무를 베는 일이 없어야 한다.

> **이거 알아?**
> 배에 물건을 싣고 내리는 데 사용하는 나무 운반대는 한 번 쓰고 버려진다. 대개 불에 태워 없애기 때문에 온실가스를 뿜어낸다. 그래서 요즘에는 나무 운반대를 건축 재료로 재활용하는 사람들이 늘고 있다.

나무 꼭대기에는 특별한 것이 있다

숲이 울창한 열대 우림에서 위를 올려다보면 나무 꼭대기에 나뭇가지가 지붕처럼 우거져 있는 것을 볼 수 있다. 이곳을 '캐노피'라고 하는데, 생태계의 보물 창고로 알려져 있다. 캐노피는 너무 높아서 사람들이 쉽게 다가가지 못해 지구상 어느 지역보다 보존이 잘 되어 있기 때문이다. 특히 열대 우림의 나무는 숲 바닥 바로 위에서부터 나뭇가지가 자라기 때문에 사람들이 숲 꼭대기에 서식하는 다양한 생물에 가까이 다가가기가 힘들다.

과학자들은 미국 캘리포니아 주에 있는 세쿼이아 숲을 조사하다가 나무 꼭대기 캐노피에서 산딸기 덤불을 발견했다. 나무 갈래 사이 움푹 파인 곳에는 먼지나 흙이 충분히 쌓여 있어 다른 식물이 자랄 수 있다. 과학자들은 숲 꼭대기에 사는 곤충이나 거미 같은 절지동물 종류가 수억 종에 이른다고 가늠한다. 이런 생물은 새, 개구리, 도마뱀, 작은 포유류를 비롯해 나무에 깃들어 사는 수많은 동물의 먹이가 된다.

나무에서 생활하는 잠꾸러기 코알라

오스트레일리아에만 사는 코알라는 주로 나무에서 생활한다. 적게 먹고 하루에 20시간 정도 자기 때문에 나무에서 내려올 일이 거의 없다. 코알라가 주로 먹는 것은 유칼립투스 잎이다. 유칼립투스 잎은 영양가도 적고 독성 물질도 있지만 코알라가 제일 좋아하는 먹이다. 게다가 코알라는 하루 동안 먹는 잎에서 필요한 수분을 충분히 얻기 때문에 물을 따로 마시지 않는다.

같이 살자, 나무야!

다른 식물에 붙어서 생활하지만 그 식물에게서 물이나 양분을 가져가지 않는 식물이 있다. 이런 식물을 '착생 식물'이라고 한다. 착생 식물은 양분을 흡수하는 뿌리가 발달되어 있지 않아 공기 중에 있는 수분과 양분으로 살아간다.

나무는 제 몸에 붙어 사는 이끼류, 양치식물, 난초 같은 수많은 착생 식물

▲ 나무 기둥에 붙어사는 착생 식물.

▼ 유칼립투스 잎을 주로 먹고 사는 코알라.

을 돌봐 준다. 착생 식물 중에는 나무 꼭대기에 퍼져 사는 것도 있다. 이들 식물은 울창한 캐노피 주변을 감도는 수증기와 빗물에서 물과 양분을 빨아들인다.

나무 위에 집을 지으면 어떨까?

옛날 사람들은 커다란 나무 위에 집을 지어 살기도 했다. 더위를 피하고 사나운 짐승의 공격을 피할 수 있기 때문이다. 오늘날에도 나무 위에 집을 짓는 사람들이 있다. 어떤 사람들은 나무 위에 관광객을 위한 호텔을 짓고, 어떤 사람들은 가족을 위한 쉼터를 짓는다.

동화나 만화에 나오는 나무 위의 집을 보면서 누구나 한 번쯤 자기만의 나무 집을 상상해 본 적이 있을 것이다. 그렇다면 직접 나

나무야, 사랑해!

나무에 오르는 건 신나는 놀이다. 나는 어렸을 때부터 나무 오르기를 무척 좋아했다. 사진 속에서처럼 나는 나뭇가지가 별로 없는 나무에 올라가려고 애쓰기도 했다. 평소 높은 곳을 싫어하지만 나무 위에 앉아 있으면 마음이 편했다. 나는 특히 사과나무에 오르는 걸 좋아했는데, 가지마다 사과가 주렁주렁 열리는 초가을에 나무에 올라 사과를 따서 한 입 아삭 깨물어 먹는 맛은 정말 최고였다.

무 위에 집을 지어 보면 어떨까? 옛날 사람들처럼 숲에서 구한 재료로 지을 수도 있고, 화물을 나를 때 쓰는 나무 운반대나 낡은 건물에서 찾아낸 목재를 재활용할 수도 있다. 아주 오래된 나무 중에는 속이 텅 비어 있는 것도 있다. 어떤 사람들은 이렇게 속이 빈 나무를 그대로 활용해서 집이나 쉼터를 짓기도 한다.

▲ 재활용 목재를 이용해 나무 위에 지은 집.

안개야, 물을 가져다줘!

나무가 자라려면 물이 반드시 필요하다. 그렇다면 사막처럼 비가 거의 오지 않는 곳에서 나무는 어떻게 살까? 나무는 한꺼번에 쏟아지는 비뿐만 아니라 물기를 머금은 안개에서도 물을 얻는다. 비가 온 뒤에나 호숫가 주변에서 흔히 볼 수 있는 안개는 공기 중에 떠다니는 작은 물방울로 이루어져 있다. 물을 머금은 안개는 목마른 나무에게 오아시스가 되어 준다.

바다 가까이에 있는 사막이나 비가 거의 오지 않는 지역의 나무들은 안개의 도움을 받는다. 미국 캘리포니아 주에 있는 세쿼이아 숲의 나무들은 안개에서 1년 동안 필요한 물의 절반이나 흡수한다.

이거 알아?

나무 열매나 씨앗, 껍질은 약을 만드는 데 쓰이기도 한다. 주목 나무 껍질은 암을 치료하는 약의 원료로 쓰인다.

뿌리가 하늘로 뻗은 나무

바오바브나무는 뿌리가 하늘로 뻗어 있는 모양새로 유명하다. 하지만 실제로 뿌리가 하늘을 향해 뻗어 있는 것은 아니다. 헝클어진 가지와 매끄러운 나무 몸통이 위쪽으로 곧게 뻗은 모양새가 마치 나무가 거꾸로 뒤집힌 것처럼 보일 뿐이다.

지금까지 발견된 바오바브나무의 종류는 모두 8개다. 그 가운데 6개는 아프리카 남동쪽에 있는 섬나라 마다가스카르에 있다. 바오바브나무는 비가 많이 오는 우기에 거대한 몸통 안에 물을 잔뜩 모아 둔다. 그래서 비가 내리지 않는 건기에도 거뜬히 살아갈

나무야, 사랑해!

우리 가족은 얼마 전에 부엌을 새로 바꾸기로 했는데, 마침 집을 부수고 새로 지으려는 사람을 알게 되었다. 우리 가족은 그 집에서 떡갈나무 장식장 몇 개를 가져온 다음, 색을 칠하고 문고리를 새로 달아 부엌 수납장으로 만들었다. 무언가 바꿀 때에는 대개 그때 유행하는 재료를 쓴다. 하지만 오래되었어도 아직 쓸 만한 가구나 나무 문은 색칠만 다시 해도 멋진 재료로 되살아난다. 이렇게 하면 돈을 적게 들이면서 우리 가족만의 개성이 잘 드러나는 부엌을 만들 수 있고, 나무를 더 베지 않아 환경에도 도움이 된다.

▼ 바오바브나무 앞에 서 있는 마다가스카르 아이들.

수 있다. 바오바브나무의 잎은 건기에 모두 떨어지고 우기에만 자란다. 건기가 되면 뜨거운 뙤약볕을 견디지 못해 쪼글쪼글 시드는 식물이 많지만, 바오바브나무만은 열매를 맺는다. 그 덕분에 먹을 게 거의 없는 건기에 동물과 곤충이 바오바브나무 열매를 먹고 살아간다. 이 때문에 바오바브나무는 '생명의 나무'로 불린다.

바람을 막아라!

너른 들판에 세찬 바람이 불면 곡식이 자라는 데 필요한 흙이 날아간다. 이런 피해를 막아 주는 것이 바람막이숲이다. 바람막이숲은 바람을 막기 위하여 가꾼 숲으로, 곡식을 재배하는 데 반드

▼ 미루나무는 자라는 속도가 빨라서 바람을 막아 주는 역할에 제격이다.

시 필요하다. 가까이에 산이 없는 넓은 들판에 나무나 관목, 덤불을 줄지어 심으면 곡식에 불어닥치는 바람의 속도를 늦출 수 있다. 또 이런 식물은 야생 동물과 꽃가루를 나르는 벌이나 나비 같은 곤충들이 살 수 있는 서식지가 되어 준다.

숲만큼 좋은 놀이터는 없다

나무로 가득한 숲은 좋은 놀이터이다. 위험한 자동차도 없고, 시끄럽게 뛰어논다고 혼을 내는 어른들도 없다. 숲을 걸으며 다양한 나무를 관찰할 수 있고, 나무를 직접 만져 보거나 나무 위로 올라가 볼 수도 있다. 숲 바닥을 지나가는 곤충과 나무에 집을 짓고 사는 작은 동물도 만날 수 있다. 나뭇가지나 잎을 가지고 집을 짓거나 소꿉놀이를 할 수 있다. 친구들과 숲으로 들어선 순간부터 새로운 놀이가 끝없이 이어질 것이다.

또한 숲은 마음을 편안하게 만들어 주고, 집중력을 높여 준다. 몇몇 연구에 따르면, 학생들이 숲에서 시간을 보내면 집중력이 훨씬 좋아진다고 한

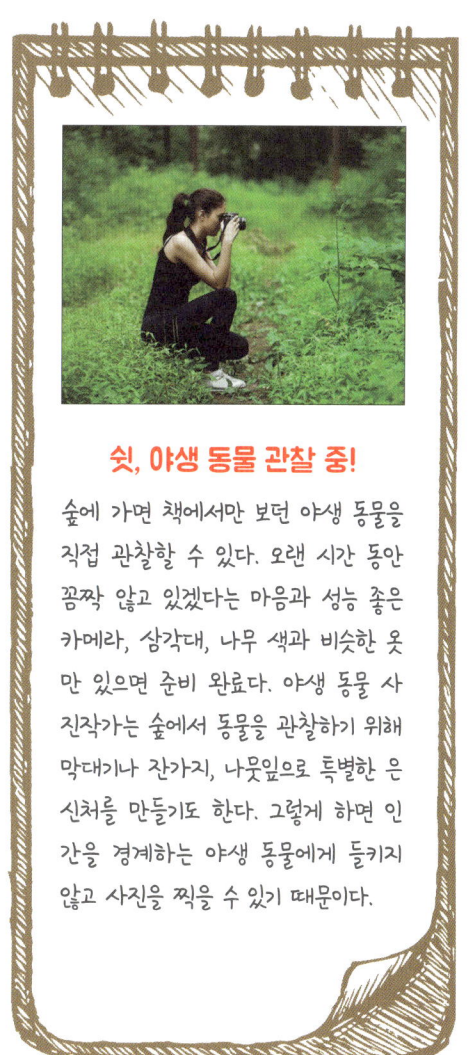

쉿, 야생 동물 관찰 중!

숲에 가면 책에서만 보던 야생 동물을 직접 관찰할 수 있다. 오랜 시간 동안 꼼짝 않고 있겠다는 마음과 성능 좋은 카메라, 삼각대, 나무 색과 비슷한 옷만 있으면 준비 완료다. 야생 동물 사진작가는 숲에서 동물을 관찰하기 위해 막대기나 잔가지, 나뭇잎으로 특별한 은신처를 만들기도 한다. 그렇게 하면 인간을 경계하는 야생 동물에게 들키지 않고 사진을 찍을 수 있기 때문이다.

▲ 야자나무 그늘 아래에서 공부하는 아이들.

다. 그렇지만 숲 속에서 똑같은 시간을 보냈어도 식물이나 나무를 만진 학생들은 집중력이 높아지고, 그렇지 않은 학생들은 효과를 얻지 못했다.

3장
나무는 어떻게 지구를 촉촉하게 할까?

나무는 뿌리로 땅속 물을 빨아들인다. 뿌리로 빨아들인 물은 여러 가지 일을 하고 잎으로 다시 내보내진다. 잎에서 나온 물은 어떻게 될까? 이 장에서는 나무가 지구를 어떻게 촉촉하게 만드는지 살펴보자.

물의 순환을 돕는 나무

땅속에 거대한 스펀지가 있어서 땅으로 스며든 물 수만 톤을 모두 빨아들인다고 상상해 보자. 그렇다면 땅속에 어마어마한 양의 물을 한꺼번에 저장할 수 있을 것이다. 자연에서 거대한 스펀지 역할을 하는 것이 바로 숲이다. 나무의 뿌리와 이끼, 흙이 빗물을 빨아들여 저장해 두기 때문에 홍수가 나는 것을 막고 온갖 생물이 가뭄을 견디게 한다.

나무는 뿌리로 빨아들인 물을 이용해 살아가는 데 필요한 여러 가지 일을 하고 잎으로 다시 내보낸다. 잎에서 나온 물은 공기 속으로 들어가 습도를 높인다. 공기 속에 떠다니던 물은 햇빛을 받으면 증발되어 하늘로 올라간다. 하늘에 모인 물은 구름이 되고,

▲ 숲은 육지뿐만 아니라 바닷속에도 있다. 아파트 15층 높이 만큼이나 자라는 거대한 해초 숲은 바다 생물에게 양분을 제공하고 쉼터가 되어 준다.

▲ 탄자니아의 잔지바르 섬에 있는 맹그로브 숲. 맹그로브는 짠 바닷물에서도 잘 산다.

기온이 떨어지면 비나 눈이 되어 땅으로 다시 떨어진다. 땅으로 떨어진 물은 증발하여 다시 공기 속으로 들어갔다가 다시 떨어지는 과정을 되풀이한다. 이렇게 물이 돌고 도는 과정을 '물의 순환'이라고 한다.

나무는 어떻게 물을 마실까?

사람들은 입으로 물을 마신다. 그렇다면 나무는 물을 어떻게 마실까? 줄기 안에 물을 빨아들이는 기다란 빨대라도 있는 걸까? 나무 속에는 물이 이동하는 물관이 있다. 뿌리에 있는 가느다란 물관이 땅속에 있는 물을 빨아들인다. 물관은 나무 구석구석에 뻗어 있어 뿌리에서 흡수한 물과 양분을 나무 줄기, 잎으로 옮긴다.

그런데 나무가 빨아들인 물은 왜 아래로 흐르지 않고 위로 올라갈까? 뿌리가 물을 빨아들여 줄기를 통해 잎으로 보내면, 잎은 광합성 작용을 하고 남은 물을 공기 중으로 내보낸다. 잎에서 물이 빠져 나가면 잎은 뿌리에서 흡수한 물을 끌어올리기 때문에 물이 위로 갈 수 있다.

나무가 비를 만든다고?

숲에서 증발하는 물처럼 바다에서 증발한 물도 구름이 되었다가 비가 되어 다시 땅으로 떨어진다. 하지만 바다에서 만들어진 비는 바닷가 지역에 내린다. 한꺼번에 많은 물을 머금은 비구름은 멀리 이동하기 어렵기 때문이다.

바닷가에서 아주 멀리 떨어진 지역에 내리는 비는 대부분 그곳에서 자라는 나무들이 내보낸 물 때문에 내린다. 나무가 뿌리로 빨아들인 물은 잎으로 나와 구름이 되어 옮겨 다니다가 비가 되어 내린다. 구름이 이동하면서 다른 지역 나무들이 내보낸 물을 흡수하면 이곳저곳에 비가 내린다.

나무가 없는 지역은 비가 내리기 어렵다. 오스트레일리아 일부 지역에서는 사람들이 나무를 너무 많이 베어 버리는 바람에 비가 적게 내려 가뭄이 들었다. 땅 역시 점점 메말라 사막으로 변하고 있다. 이것을 '사막화 현상'이라고 한다.

사막을 감싸는 녹색 벽

지구 곳곳에서 사막이 빠른 속도로 넓어지고 있다. 이것을 어떻게 막을 수 있을까? 세계에서 가장 큰 사막인 사하라 사막 남쪽 지역에서 사막화를 막는 일이 진행되고 있다.

사하라 사막을 둘러싼 초원 지역이 사막이 되면서 이곳에 살던 사람들과 동식물이 고통을 받고 있다. 식물이 자라던 땅이 사막으로 바뀌면서 사람들은 농사를 짓지 못해 굶주림에 시달리고, 마실 물이 없어 몇 시간씩 걸어가서 가까스로 물을 구한다. 동물도 살 곳을 잃고, 먹이를 찾지 못해 죽어 가고 있다.

사하라 사막을 이웃한 아프리카의 여러 나라들은 사하라 사막 주변에 나무를 심기로 약속하고, 2007년부터 나무를 심어 왔다. 이

▲ 아프리카 사하라 사막을 위성으로 찍은 사진. 이 거대한 사막 주변에 나무를 심는 노력이 2007년부터 시작되었다.

▲ 페루에 있는 세계에서 가장 아름다운 오아시스 마을 '와카치나'는 거대한 모래 언덕에 둘러싸여 있다. 이곳에는 주민 100여 명이 살지만, 세계 곳곳에서 온 여행객으로 늘 북적인다.

것이 '사하라 사막과 사헬 지역의 거대한 녹색 벽 사업'인데, 사하라 사막이 더 이상 넓어지는 것을 늦추거나 막으려는 노력이다.

오아시스에 온 걸 환영합니다

오아시스는 사막 한가운데에 자리한 반가운 쉼터다. 오아시스는 사막 아래에 흐르는 물이 땅 위로 솟아올라 샘을 이룬 곳으로, 다양한 식물이 뿌리를 내리고 자란다. 농사를 지을 수 있어서 사막에 사는 인구의 대부분이 이 주변에서 생활한다.

나무가 울창하게 자란 오아시스는 먼 곳에서도 한눈에 보인다. 오아시스는 사막을 가로질러 무역을 하던 옛날 사람들에게 매우

나무야, 사랑해!

할머니는 언젠가 이렇게 말씀하셨다. "나무를 모조리 베어 버리면 사막이 생긴단다." 난 그 말을 듣고 웃음이 나왔다. 오히려 반대로 생각했기 때문이다. 사막에 비가 안 오니까 당연히 나무가 제대로 자랄 수 없다고 말이다. 그런데 할머니가 옳았다. 육지에 내리는 비는 대부분 물을 '내뿜는' 나무가 만들어 준다. 그런 일을 하는 나무가 없으면 비가 내리지 않는다. 나무가 사라진 땅에 사막이 생기는 건 순식간이다.

중요한 역할을 했다. 장사를 하기 위해 먼 거리를 이동하는 사람들은 중간에 필요한 물과 음식을 오아시스에서 얻었다. 오아시스와 오아시스를 잇는 길은 사람과 물자가 움직이는 길이 되었고, 동양과 서양의 문화가 만나는 길이 되기도 했다. 시리아와 이라크 같은 나라들은 오아시스를 중심으로 교역을 발전시키며 나라의 힘을 길렀다.

시원한 나무 그늘이 최고야!

나무 그늘은 무더운 여름에 따가운 햇볕을 피할 수 있는 가장 좋은 곳이다. 나무 그늘은 뙤약볕을 가려 주고 뜨겁게 달궈진 땅을 식혀 주기 때문이다. 나무는 햇빛이 땅에 곧바로 이르지 못하게

나무야, 사랑해!

영국 동화작가 케네스 그레이엄이 쓴 《버드나무에 부는 바람》은 내가 아주 좋아하는 책이다. 나는 길게 늘어진 버드나무 가지가 바람에 나부끼는 모습을 볼 때마다 물쥐 래트와 두더지 모울이 생각난다. 강을 따라 노를 젓는 래트와 모울 주변에는 언제나 버드나무가 있다. 우리 집 농장에도 커다란 버드나무가 있다. 이 버드나무는 새끼 양에게 그늘을 만들어 주고, 새끼 양을 잡아먹으려는 배고픈 독수리가 얼씬 못하게 막아 준다.

막고, 나뭇잎에 있는 작은 구멍으로 물과 산소를 내뿜는다. 이때 물이 증발하면서 공기 속의 열을 빼앗아 주변 온도가 떨어진다. 그래서 나무가 많은 숲은 도시보다 기온이 3~4도 정도 낮아 시원하다.

또한 겨울에는 거센 바람을 막아 주고, 땅 속에서 나오는 따뜻한 열을 잎이나 가지로 막아 공기 중으로 흩어지지 않게 한다. 그 덕분에 나무가 많은 지역은 나무가 없는 지역보다 덜 춥다.

나무도 손꼽아 기다리는 연어 잔치

해마다 가을이 되면 수많은 연어 떼가 바다에서 자신이 태어났던 강으로 돌아와 알을 낳는다. 미국과 캐나다의 서쪽 해안에는 태평양에 살던 연어들이 자기가 태어난 곳을 기억하고 거센 물살을 헤치고 돌아온다.

이때가 되면 곰이나 독수리 같은 동물들이 연어가 돌아오길 목을 빼고 기다린다. 살이 통통하게 오른 맛있는 연어를 맛볼 최고의 기회이기 때문이다. 놀랍게도 동물뿐 아니라 나무도 연어를 기다린다. 연어가 나무에게 중요한 양분이기 때문이다.

▲ 곰이 먹다 남긴 연어 찌꺼기는 나무에게 영양 가득한 간식이 된다.

▲ 아프리카 짐바브웨에 있는 카리바 호수는 수력 발전을 위한 댐을 만들면서 생긴 인공 호수다. 이 호수는 전기를 만들기 위해 물을 가두는 중요한 역할을 하지만, 댐 건설 이전에 살던 식물이 모두 물에 잠겼다.

이거 알아?

모든 나무가 물에 뜨는 건 아니다. 아주 무겁고 단단한 나무를 '철목'이라고 하는데, 어찌나 무거운지 물에 가라앉을 정도야!

나무에 이빨이 있는 것도 아닌데 어떻게 연어가 나무의 양분이 될까? 동물들이 먹다 남긴 연어 찌꺼기 때문이다. 동물들은 강을 거슬러 오른 연어를 잡아먹고 땅바닥에 찌꺼기를 떨어뜨린다. 연어 찌꺼기는 썩으면서 숲 바닥에 흡수되어 양분이 된다. 주변에 서식하는 큰 나무의 뿌리가 이 양분을 빨아들여 나무가 자라는 데 쓴다. 이 때문에 태평양 북서쪽 해안에 사는 나무는 어마어마하게 크다.

온갖 어려움을 이겨 내고 고향에 돌아온 연어는 강에 알을 낳는데, 알이 부화되려면 나무의 도움이 필요하다. 강가의 나무는 흙탕물이 강물로 흘러들지 못하게 막아 주는 역할을 한다. 연어가 알을 낳는 강가의 나무를 베어 버리면, 흙탕물이 강물로 쏟아져 알이 제대로 부화될 수 없다. 연어 알은 깨끗한 물과 매끄러운 자갈밭이 있는 곳에서 부화되기 때문이다.

물 위에 둥둥, 나무배

나뭇가지나 나무토막으로 장난감 배를 만들어 물에 띄워 보면 둥둥 잘 떠 있다. 물에 뜨고 잘 가라앉지 않는 나무의 성질은 배를 만들기에 더 없이 좋다. 옛날 사람들은 물고기를 잡거나, 큰 강을 건너거나, 강을 따라 먼 곳으로 이동하려고 배를 만들었다. 배

▲ 얇은 나무 여러 장을 붙인 합판으로 만든 카약. 카약은 원래 이누이트가 사용하던 가죽배이다.

▲ 마다가스카르의 전통적인 고기잡이 나무배.

를 만드는 기술이 발전하기 전까지는 나무를 나란히 묶거나 통나무의 가운데 부분을 파서 배를 만들었다. 최초의 통나무배는 약 8,000년 전에 만들어졌는데, 굵은 통나무 가운데 부분을 움푹하게 판 모양이다. 파내려는 부분을 불에 태워서 조금씩 잘라내 만들었다.

4장
나무는 왜 산불을 기다릴까?

인류는 나무로 불을 피워 먹기 좋은 음식을 만들고, 추위를 피했다. 그런데 불을 이용한 것은 인류뿐만이 아니다. 일생 동안 우두커니 서 있는 나무도 불을 이용한다. 나무에 불이 붙으면 다 타 버릴 텐데 어떻게 이용한다는 걸까?

나무에 불이 붙다

선사 시대 사람들은 번개에 맞아 불이 붙은 나무를 보고 무척 놀랐다. 불은 동물뿐 아니라 인간에게도 두려운 것이었다. 그러던 어느 날 호기심 많은 누군가가 불에 가까이 다가갔고, 차츰 불이 따뜻하다는 것을 깨달았다. 선사 시대에 사람들이 불을 처음 이용할 때만 해도, 그 불로 몸을 녹이고 음식을 만들어 먹을 거라고는 생각하지 못했을 것이다.

불을 다스릴 줄 알게 되면서 사람들의 생활 방식은 점점 달라졌다. 음식을 불에 익히면, 소화 과정에서 영양분을 훨씬 많이 섭취할 수 있다는 것을 알았다. 또 불빛 덕분에 해가 져도 활동할 수 있고, 온기를 제공하니 몸의 열량을 많이 쓰지 않고도 체온을 유지할 수 있었다. 게다가 동물이나 곤충까지 막아 주었다.

▲ 나뭇가지로 불을 피워 놓은 북아메리카 원주민 가족. 인간의 삶은 불을 이용하면서 한 단계 발전했다.

▲ 숲 위로 번개가 치고 있다. 해마다 번개 때문에 세계 곳곳에서 산불이 일어난다.

산불이 반가운 나무들

산불은 주로 담뱃불이나 야영객이 제대로 끄지 않은 모닥불 때문에 일어난다. 하지만 화산이 폭발하거나 번개가 치면서 산불이 나기도 한다.

어떤 숲에서는 자연 현상으로 산불이 주기적으로 일어난다. 소나무나 전나무 같이 솔방울과 뾰족한 잎이 달린 침엽수는 산불이 잦은 지역을 좋아한다. 1장에서 살펴본 세쿼이아는 산불을 손꼽아 기다린다. 솔방울이 산불에 달궈져 터져야 작은 씨앗들이 솔방울을 빠져나갈 수 있기 때문이다.

미국에서 주로 자라는 더글러스 소나무도 산불을 좋아한다. 더글러스 소나무는 껍질이 워낙 우툴두툴하고 두꺼워 웬만한 불에 잘 타지 않는다. 산불로 주변의 나무가 쓰러지면 더글러스 소나무는 햇빛을 훨씬 많이 받을 수 있다. 산불을 견뎌낸 더글러스 소나무는 예전보다 더 잘 자라고 어린나무는 탁 트인 곳에서 싹을 틔운다. 더글러스 소나무는 그 지역에 사는 다른 종보다 훨씬 빨리 자라서 산불이 난 지 몇 년 안 되어 울창하게 우거진다. 한편 일부 지역에서는 산불이 커지는 것을 막기 위해 일부러 숲에 불을 내기도 한다. 숲 바닥에 죽은 나무와 마른 풀이 많으면 작은 불씨에도 산불이 걷잡을 수 없이 번지기 때문이다. 그래서 산불이 잘 일어나지 않는 계절에 작은 불을 내 마른 풀을 태운다. 다행히 나무는 이 작은 불에 피해를 입지 않는다.

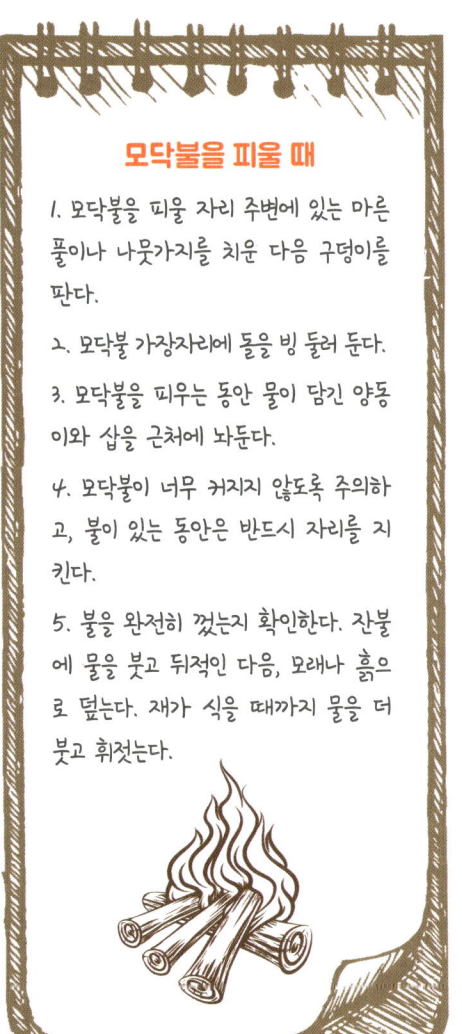

모닥불을 피울 때

1. 모닥불을 피울 자리 주변에 있는 마른 풀이나 나뭇가지를 치운 다음 구덩이를 판다.
2. 모닥불 가장자리에 돌을 빙 둘러 둔다.
3. 모닥불을 피우는 동안 물이 담긴 양동이와 삽을 근처에 놔둔다.
4. 모닥불이 너무 커지지 않도록 주의하고, 불이 있는 동안은 반드시 자리를 지킨다.
5. 불을 완전히 껐는지 확인한다. 잔불에 물을 붓고 뒤적인 다음, 모래나 흙으로 덮는다. 재가 식을 때까지 물을 더 붓고 휘젓는다.

재가 땅을 기름지게 만든다고?

산불은 순식간에 숲을 황폐하게 만든다. 나무가 사라진 숲은 더 이상 맑은

▼ 미국 플로리다 주에서는 대형 산불을 예방하기 위해 숲에 일부러 불을 낸다.

▲ 톱밥은 나무를 톱으로 켜거나 자를 때에 쓸려 나오는 가루이다. 톱밥을 압축해서 작은 조각으로 만들면 크기가 일정해서 천천히 고르게 탄다. 쓰레기가 될 뻔한 톱밥이 연료로 탈바꿈한 것이다.

공기를 만들어 낼 수 없고, 동물들의 편안한 보금자리가 되어 주지도 못한다. 하지만 나무는 불에 타고 나서도 숲에 양분을 준다. 몸속에 있던 양분을 밖으로 내보내 토양을 기름지게 해 식물이 다시 자랄 수 있는 환경을 만든다.

나무 재는 텃밭에서 채소를 기를 때에도 쓴다. 모종을 심기 전에 구멍마다 나무 재를 조금씩 넣으면 병충해를 예방하고 거름도 된다. 또한 재는 달팽이나 굼벵이가 다가오지 못하게 한다. 텃밭 식물을 괴롭히는 이런 불청객은 재를 싫어한다. 하지만 재를 너무 많이 써서는 안 된다. 재를 너무 많이 뿌리면 땅의 성질이 변해서 식물이 자라는 데 오히려 방해가 된다.

재로 빨래를 한다고?

지금 우리가 쓰는 비누는 약 200년 전부터 널리 쓰이기 시작했다. 그 전에는 빨래를 하거나 설거지를 할 때 잿물을 썼다. 잿물은 나무 재를 물에 우려낸 것이다. 잿물은 빨래를 희게 만들고 기름기를 씻어 냈다. 고대 이집트 사람들은 재와 동물 기름을 섞어 손을 씻었다고 한다.

점차 사람들은 잿물에 동물이나 식물의 기름을 섞은 다음 끓이면 단단한 비누가 된다는 사실을 알게 되었다. 하지만 옛날에는 기름이 무척 귀했기 때문에 비누는 신분이 높은 사람들만 쓸 수 있는 사치품이었다.

모닥불, 악령을 쫓아내다!

옛날에는 불이 온갖 축제의 한가운데에 있었다. 햇빛이 부족한 북유럽에서는 1년 중 낮이 가장 긴 하지를 중요한 날로 꼽는다. 긴 겨울을 보내고 농사를 지을 수 있는 계절이 온 것을 환영하기 위해 축제를 열고 모닥불을 크게 피운다. 북유럽에 있는 덴마크

▼ 불가리아에서는 축제 때 모닥불 주변을 돌며 춤을 춘다.

에는 모닥불이 악령을 겁주어 쫓아낸다는 전설이 있다. 그래서 하지를 축하하면서 모닥불을 피우고 악령을 상징하는 허수아비를 태우기도 한다.

괴물이나 유령 가면을 쓰고 축제를 여는 할로윈에도 모닥불을 피워 놓는다. 할로윈은 새해를 11월에 시작했던 옛날 북유럽 사람들의 기념 축제에서 시작되었다. 아주 오랜 옛날 북유럽 사람들은 10월 마지막 날에는 죽은 사람의 영혼이 가족을 찾아오거나 마녀가 나타난다고 믿었다. 그래서 가족의 묘지를 찾아가거나 마녀로부터 자신을 지키기 위해 가면을 쓰고 모닥불을 피웠다.

푸른 잎을 보면서 봄을 기다린다

동유럽 사람들은 겨울이 찾아오는 12월이 되면 1년 내내 잎이 푸

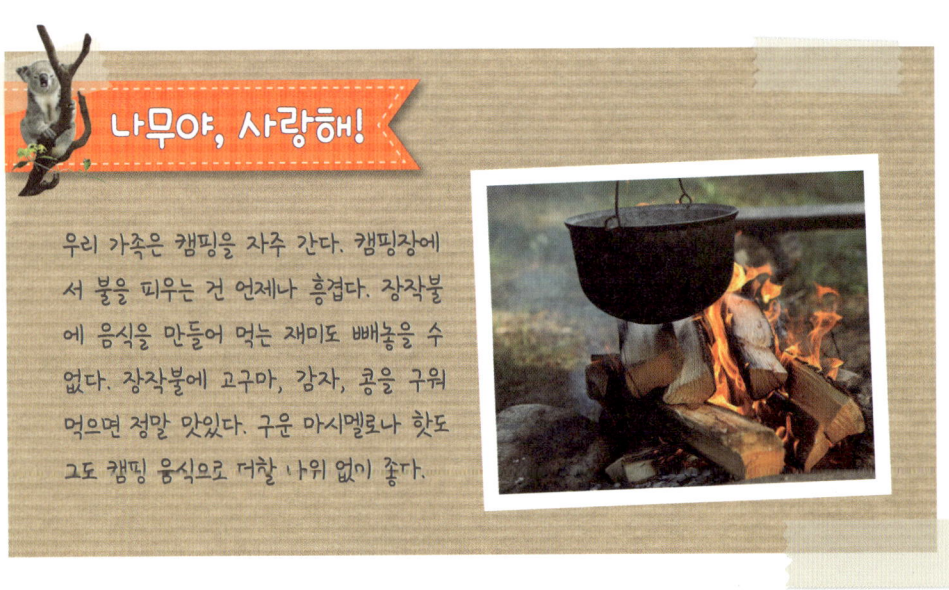

나무야, 사랑해!

우리 가족은 캠핑을 자주 간다. 캠핑장에서 불을 피우는 건 언제나 흥겹다. 장작불에 음식을 만들어 먹는 재미도 빼놓을 수 없다. 장작불에 고구마, 감자, 콩을 구워 먹으면 정말 맛있다. 구운 마시멜로나 핫도그도 캠핑 음식으로 더할 나위 없이 좋다.

른 상록수 가지를 모아서 집 안에 둔다. 길고 추운 겨울을 따뜻하게 보내길 바라는 마음과 따스한 봄이 어서 오길 기대하는 마음을 상록수의 푸른 잎에 담아 둔 것이다.

북유럽 사람들은 오래전부터 밤이 가장 긴 동지를 기념하기 위해 큰 화로에 불을 피워 밤을 낮처럼 환해 보이게 했다. 이것은 어둠을 몰아내는 해가 이날부터 다시 길어지는 것을 축하하는 행사이기도 했다. 이 전통은 영국에 전해지면서 큰 장작을 미리 준비했다가 크리스마스 전날 밤에 불을 붙여 밤새도록 태우는 것으로 바뀌었고, 그 뒤로 수백 년 동안 유럽 곳곳에서 크리스마스 분위기를 더해 주는 풍습으로 이어져 왔다.

태양으로부터 온 우리 집 밥상

식물은 햇빛을 이용하여 필요한 양분을 스스로 만든다. 식물은 뿌리로 빨아들인 물과 잎으로 들어온 이산화탄소를 원료로 삼고, 햇빛 에너지를 이용하여 포도당 같은 양분을 만든다.

그렇다면 잎은 어떻게 햇빛을 흡수할까? 이 일은 잎에 있는 '엽록소'라는 초록 알갱이가 한다. 잎이 초록색으로 보이는 것도 이 엽록소 때문이다. 엽록소가 흡수한 햇빛은 물과 이산화탄소를 만나 포도당을 만든다. 포도당은 식물의 잎, 씨앗, 줄기, 뿌리로 가서 녹말, 섬유소, 과당, 지방, 단백질과 같은 양분으로 바뀐다. 식물이 광합성을 하지 않으면, 우리는 굶주리게 될 것이다. 식물이 사라지면 지구에 먹을 것이 별로 없을 테니까 말이다! 고기를 먹으면 된다고 생각할 수 있지만, 우리에게 고기를 내어주는 동물 역시 식물을 먹고 살아간다. 식물이 사라지면 고기, 우유, 달걀도 먹을 수 없다.

나무가 왜 폭탄처럼 터질까?

나무가 폭탄처럼 펑 하고 터질 수 있다! 나무에 벼락이 떨어지면 강한 전류가 나무껍질 안쪽으로 흘러 들어간다. 전류는 뿌리에서 나무의 줄기를 타고 오르던 물을 끓어오르게 한다. 이때 생기는 증기가 밖으로 빠져나가려고 발버둥치면서 높은 압력이 발생한다. 이 압력만으로도 나무는 두 동강 날 수 있다.

날씨가 아주 추울 때에도 나무 속 물이 얼어 쾅 하는 요란한 소리와 함께 나무가 터진다. 물이 얼면 부피가 늘어나기 때문에 나무가 갈라져 터지는 것이다.

숲을 태워 농사짓는 사람들

세계 곳곳에서 사람들은 농사를 지으려고 숲을 밀어낸다. 숲을 밀어 땅을 일구면 그 지역 사람들은 먹거리를 얻을 수 있다. 시장에 내다 팔 수 있는 콩·커피·코코아 같은 작물도 키우고, 고기를 얻을 수 있는 가축도 기를 수 있다.

커다란 숲에 불을 내면 짧은 시간 안에 농사지을 수 있는 넓은 땅을 얻는다. 게다가 숲을 태우고 남은 재는 거름이 되어 땅을 기름지게 해 준다. 하지만 땅의 양분은 오래 가지 않는다. 사람들은

▲ 사람들은 새로 농사지을 땅을 얻기 위해 숲을 태운다. 이러한 방법은 인간과 지구 모두에게 나쁜 영향을 준다.

또 다시 다른 숲을 태우고 땅을 일군다. 결국 땅을 다시 기름지게 만들 방법을 찾지 못하면 숲은 계속 파괴될 것이고, 마침내 식량 생산도 줄어들고 말 것이다.

커다란 녹색 친구

나무는 추운 겨울밤 몸을 녹여 주는 장작으로 쓰이든, 이글거리는 태양을 막아 주는 그늘이 되든, 환자를 치료하는 약의 원료로 쓰이든, 수천 년 동안 인간과 더불어 살아왔다. 드넓게 펼쳐진 숲

▲ 캐나다에서는 여가 활동으로 나무 오르기 수업이 인기다. 아이들은 특수 장비를 갖추고 안전하게 나무에 오르는 것을 배운다.

은 눈을 즐겁게 할 뿐 아니라, 사람들이 살아가는 데 없어서는 안 될 식량과 연료를 주고 공기를 맑게 해 준다.

하지만 오랜 세월 우리 곁에 늘 있다 보니, 이 커다란 녹색 친구들이 얼마나 소중한지 우리는 미처 깨닫지 못하고 있다. 자신의 모든 것을 주는 나무가 언제까지나 지구를 건강하게 지켜줄 수 있도록 우리 모두가 노력해야 한다.

▼ 일본에는 벚꽃이 활짝 피면 꽃을 감상하면서 봄을 축하하는 풍습이 있다.

더불어 사는 지구 67

나무는 어떻게 지구를 구할까? - 작은 발걸음 큰 변화 ⑧

처음 펴낸 날 2017년 5월 30일 | **다섯번째 펴낸 날** 2024년 9월 5일
글 니키 테이트 | **옮김** 현혜진 | **펴낸이** 이은수 | **편집** 오지명, 김수연 | **북디자인** 원상희
펴낸곳 초록개구리 | **출판등록** 2004년 11월 22일(제300-2004-217호)
주소 서울시 종로구 비봉2길 32, 3동 101호
전화 02-6385-9930 | **팩스** 0303-3443-9930
인스타그램 www.instagram.com/greenfrog_pub

ISBN 979-11-5782-054-2 74840 | 978-89-956126-1-3(세트)

• 이 도서의 국립중앙도서관 출판시도서목록(CIP)은 서지정보유통지원시스템 홈페이지(http://seoji.nl.go.kr)와 국가자료공동목록시스템(http://www.nl.go.kr/kolisnet)에서 이용하실 수 있습니다.(CIP제어번호: CIP2017011884)

사진 저작권 목록

p2-3 Nadezda Korobkova/Dreamstime.com p6 Brett Jorgensen/Dreamstime.com p7 Nadezda Korobkova/Dreamstime.com
p8 Hero Images/Gettyimages.com p10 Leonard Frank, Vancouver Public Library 5628 p11 Ronnie Comeau/Stocksy.com
p12 J Zapell/Wikimedia.org p13 Wing-Chi Poon/Wikimedia.org p14 Jaana Lunny p15 Claudiad/Istock.com
p16 Hjalmeida/Istock.com p17 Sugar0607/Dreamstime.com p18 Kcphotos/Dreamstime.com p19 Jcamilobernal/Dreamstime.com
p20 Quasarphoto/Dreamstime.com p21 [상]3355m/Dreamstime.com [하]Courtesy of Nikki Tate
p22 [상]Waldru/Dreamstime.com [하]Dani Tate-Stratton p23 Wikipedia.org/Diego Delso p26 Sugiyono83/Dreamstime.com
p27 Isabel Poulin/Dreamstime.com p28 [상]Hafizismail/Dreamstime.com [하]Eppic/Dreamstime.com p30 Tanor/Istock.com
p31 Max Earey/Dreamstime.com p32 Helga Williams p33 Bazillmer/Istock.com p34 Nikki Tate
p35 Anthony Asael/Art in All of Us/Corbis.com p36 Dani Tate-Stratton p37 Honored/Dreamstime.com p38 Bettmann/Corbis.com
p40 Spiderment/Dreamstime p41 Nico Smit/Dreamstime.com p43 Nasa/Wikipedia.com p44-45 Ingo Mehling/Wikipedia.com
p45 [하]Helga Williams p46 Nikki Tate p47 Rwharr/Dreamstime.com p48 Blueyeh/Dreamstime.com p49 Nikki Tate
p50 Jonathan Talbot, WRI/Wikipedia.com p52 Glenbow Archives/NA-1234-5 p53 LivingCanvas/Istock.com p55 Tfawls/Dreamstime
p56 Stocksolutions/Istock.com p57 Huckgoblin/Dreamstime.com p58 Intst/Dreamstime.com p61 Thai Noipho/Dreamstime.com
p62 Peter Jenkins, Tree Climbers International, INC. p63 Xixinxing/Istock.com